DIMITER INKIOW

Der grunzende König

und andere Geschichten

Schneider-Buch
in Schreibschrift

Inhalt

Der grunzende König

Einmal hörte ein Kammerdiener, daß der alte König während des Schlafens grunzte. Der König hatte in dieser Nacht irgendwie unglücklich in seinem Bett gelegen.

Der Kammerdiener lief lachend nach Hause und erzählte dort: „Stellt euch vor, der König, der König grunzt beim Schlafen, wie ein Ferkel! So: Ruff-ruff-ruff-ruff!"

„Wirklich? Tatsächlich? Hohohoho!"

Alle lachten sich tot.

Bald erzählte es sich die ganze Straße. Und es dauerte auch nicht lange, da fand sich jemand, der es dem alten König unter die Nase rieb.

Der König war schwer beleidigt. „Was erzählen sich die Leute? Daß ich grunze? Wie ein Ferkel?" Er schickte auf der Stelle drei seiner Offiziere in diese Straße, um den Leuten zu erklären, daß er nicht grunze. Sie taten es. Aber es dauerte

nicht lange, da kam wieder
jemand zum König und flüsterte
ihm ins Ohr, die ganze Stadt
erzähle sich jetzt, daß er grunze.

Der König war noch mehr beleidigt. „Die ganze Stadt erzählt, daß ich grunze?"

„Ganz recht, Majestät!"

„Wie ist das möglich?"

„Die Leute sagen, wenn er nicht grunzen würde, hätte er die drei Offiziere nicht geschickt, um erklären zu lassen, daß er nicht grunzt!"

Der König überlegte. Dann setzte er eine offizielle Kommission ein. Sie sollte feststellen, ob er grunzte oder nicht.

Die Kommission beobachtete ihn acht Nächte und stellte fest, daß der alte König beim Schlafen zwar schnarchte, aber

nicht grunzte. Das Ergebnis wurde in einem Bericht veröffentlicht. Er wurde in allen

Zeitungen des Landes abgedruckt.
Endlich atmete der König auf. Aber nicht lange. Sein Polizeiminister kam und meldete, daß sich jetzt das ganze Land

erzähle, der König grunze.

Der alte König faßte sich verzweifelt an den Kopf. „Aber ... warum? Hat das Volk den Bericht nicht gelesen?"

„Doch!"

„Na und?"

„Aber gerade darum, Majestät. Die Leute meinen, die Sache mit dem Grunzen muß sehr ernst sein, sonst hätten Eure Majestät nicht diese Kommission eingesetzt und den Bericht veröffentlichen lassen. Die Leute sagen, hier stimmt was nicht!"

Der König überlegte. Irgendwie mußte dieses böse Gerücht doch aus der Welt zu schaffen sein. Und er gab einen Erlaß heraus: „Jeder, der behauptet oder weitererzählt, daß der König grunzt, wird aufgehängt!"

Jetzt wurde es endlich still. Jetzt erzählte niemand mehr, daß der König beim Schlafen wie ein

Ferkel grunze, aber alle waren fest davon überzeugt, daß er grunzte. Und die ausländischen Zeitungen nannten ihn: „Der grunzende König".

Das große Fressen

Es lebte einmal ein Wasserwurm am Boden eines Sees. Er war ein sehr vorsichtiger Wasserwurm. Niemals verließ er sein Loch, obwohl er sehr neugierig war. Ab und zu steckte er nur seinen Kopf heraus, um zu sehen, was in der großen Welt von nebenan passierte. Sonst fraß er den ganzen Tag nur und wurde immer dicker.

Ein kleiner Fisch kam jeden Tag neben sein Loch geschwommen und tat so, als würde er den Wasserwurm gar nicht bemerken, was den Wasserwurm sehr verwunderte.

Der Fisch muß blind sein, dachte der Wasserwurm. Eines Tages wird er vor Hunger sterben. Er schwimmt neben meinem Loch und versucht gar nicht, mich herauszuholen. Er sieht nicht, was für ein schöner, dicker Wurm ich bin. Das ist fast beleidigend.

Und von seinen Gedanken selbst erschreckt, versteckte er sich ängstlich noch tiefer.

2 7941-4

Was der vorsichtige Wasserwurm nicht wußte, war, daß der kleine Fisch gar nicht blind war. Er überlegte nur, wie er den Wasserwurm am besten schnappen könnte. Und er dachte: Wenn dieser vorsichtige Wasserwurm glaubt, ich sei blind, dann wird er bald nicht mehr so vorsichtig sein. Und wenn er unvorsichtig wird, kann ich ihn leicht schnappen und auffressen. Oh, mir läuft schon das Wasser im Mund zusammen, wenn ich daran denke, wie gut er mir schmecken wird. Er wird von Tag zu Tag fetter.

Leider wußte der Wasserwurm

nicht, was der kleine Fisch für Gedanken hatte. Und eines Tages wurde er unvorsichtig. Er kam bis zur Hälfte aus seinem Loch heraus und grüßte den Fisch höflich. Und der kleine Fisch öffnete plötzlich sein Maul und schnappte ihn.

„Hilfeee! Laß mich los!" schrie der Wasserwurm und zog mit aller Kraft seine zweite Hälfte wieder ins Loch zurück.

Der Fisch zog ihn heraus. Er zog zurück. Der Fisch zog ihn heraus.

„Hilfeee! Man will mich fressen! Man will mich fres ..." Weiter kam er nicht.

Der kleine Fisch verschluckte ihn und sagte: „Du hast mir aber gut geschmeckt."

Von den Schreien angelockt, kam ein großer Fisch angeschwommen.

„Was ist hier los?" fragte er.

„Nichts, ich habe gerade einen Wurm gefressen? Da ist sein Loch."

„Du hast den schönen Wasserwurm aufgefressen? Du ... du ...! Wußtest du nicht, daß ich ihn fressen wollte?"

„Nein."
„Du solltest es aber wissen!"
„Ich hatte so einen Hunger!"
„Jetzt werde ich dich fressen, weil ich so einen Bärenhunger habe!" Und der große Fisch öffnete sein Maul.
„Hilfe! Hilfe!" schrie der kleine Fisch und schwamm, so schnell er konnte, davon.
Aber der große Fisch war schneller. Er hatte ihn bald eingeholt.
„Hilfe! Man will mich fressen! Man will mich fres ..." Mehr konnte der kleine Fisch nicht sagen, denn der große Fisch hatte ihn schon verschluckt.

„Du hast mir aber gut geschmeckt", sagte der große Fisch zufrieden und schmatzte noch einige Male.

Von den Hilferufen angelockt, kam ein Riesenfisch angeschwommen. „Was ist hier los?" fragte er böse.

„Nichts, ich habe gerade den kleinen Fisch gefressen, der immer vor dem Loch des Wasserwurms hockte."

„Wußtest du nicht, daß ich ihn fressen wollte?"

„Entschuldige, nein. Ich hatte so einen Hunger."

„Dann werde ich dich jetzt fressen, weil ich so einen Hunger habe!" Und der Riesenfisch öffnete sein großes Maul.

„Hilfeee! Hilfeee!" schrie der große Fisch und schwamm mit allen seinen Kräften davon.

Aber der Riesenfisch war viel schneller. Er hatte ihn bald eingeholt und verschluckte ihn. „Du hast mir aber gut geschmeckt", sagte er schmatzend.

Weil die Jagd sehr wild gewesen war, wurde das Wasser an dieser Stelle des Sees sehr unruhig. Das merkte ein Fischer und warf dort sofort sein Netz aus. So hatte er den Riesenfisch gefangen.

Der Fischer freute sich sehr, als er ihn herausholte. Aber noch mehr freute er sich, als er zu Hause seinen Bauch öffnete und dort den anderen Fisch fand und in seinem Bauch den kleinen

Fisch. Drei schöne Fische, mit einem Wurf!

Er putzte die drei Fische und briet sie. Den großen für sich, den mittleren für seine Frau und den kleinen für sein Kind. Die Fische haben allen sehr gut geschmeckt.

Der Löwe und die Ameise

Der Löwe hatte gerade gefressen und wollte sein Mittagsschläfchen machen, als er eine piepsige Stimme vernahm.

„Löwe! Lieber Löwe!"

„Wer ist da?" fragte der Löwe, hob seinen Kopf und schaute sich um. Aber weit und breit war niemand zu sehen. Nur einige Giraffen dösten in der Ferne. Der Löwe gähnte und schloß schläfrig seine Augen, als er wieder die piepsige Stimme vernahm.

„Löwe! Lieber Löwe!"

Der Löwe öffnete seine Augen und brüllte: „Wer ist da?" Er schaute sich wieder um, aber es war wirklich niemand zu sehen. Er wurde ärgerlich. Wer wagte es, seinen Schlaf zu stören? „Wer ist da?"

„Ich. Eine Ameise."

„Eine Ameise?" Er war erstaunt. „Wo bist du? Ich kann dich nicht sehen!"

„In deinem linken Ohr!"

„Waaaas? In meinem Ohr? Was machst du denn dort?"

„Ich schreie aus vollem Halse,
damit du mich hören kannst!"
„Was willst du?"

„Ach, lieber Löwe, ich habe eine große Bitte an dich."

„Was denn?"

„Kannst du nicht einen halben Meter zur Seite rutschen?"

„Warum? Hier liege ich sehr bequem."

„Aber du liegst auf meinem Bruder, lieber Löwe, und ich fürchte, du hast ihn schon zerquetscht. Natürlich ohne es zu wollen. Weißt du, es war so: Mein Bruder und ich waren gerade damit beschäftigt, ein Korn zu unserem Haufen zu schleppen, als du kamst und dich hier niederlegtest. Wir versuchten verzweifelt wegzulaufen.

Aber es war zu spät. Mein Bruder blieb unter dir. Ich konnte mich befreien und machte mich auf den Weg zu deinem Ohr. Es war nicht leicht, es zu finden. Ich bin ziemlich lange durch dein dickes Fell geirrt, aber schließlich bin ich doch angekommen. Bitte, lieber Löwe, sei so lieb, rutsch einen halben

Meter zur Seite. Nach rechts oder links, das ist egal. Ich muß sofort meinen Bruder suchen."

„Kommt überhaupt nicht in

Frage", gähnte der Löwe.

„Warum denn nicht?"

„Ich liege hier sehr bequem."

„Aber ... mein Bruder!"

„Ist mir egal."

„Mir aber nicht. Bitte, rutsch ein Stück."

„Ich rutsche nicht."

„Bitte, bitte, lieber Löwe."

„Du kannst bis morgen bitten. Wegen einer lausigen Ameise wechsele ich meinen bequemen Platz nicht!" brüllte der Löwe. „Und jetzt mach, daß du fortkommst! Ich will nämlich schlafen."

Der Löwe gähnte.

„Ich bitte dich zum letztenmal",

3 7941-4

sagte jetzt die piepsige Stimme drohend, „rutsch ein bißchen!"

Der Löwe antwortete nicht. Er schloß seine Augen und schlief ein.

Aber in der nächsten Sekunde sprang er, wie von der Tarantel gestochen, einen Meter in die Höhe. Die Ameise hatte ihn gebissen.

„Du wagst es, mich zu beißen?" brüllte der Löwe wütend und gab sich einen Prankenhieb auf sein linkes Ohr. „Du, eine Ameise, wagst es, einen Löwen zu beißen? Du bist schon so gut wie tot! Komm sofort heraus!"

„Ich komme nicht!"

„Komm sofort heraus! Du bist
schon so gut wie tot!"
„Ich komme nicht!"

„Ich befehle dir,
herauszukommen!"

Aber die Ameise kam nicht heraus. Sie biß und biß und biß. Und bei jedem Biß machte der Löwe einen Luftsprung. Es war aus mit seinem Mittagsschlaf. Und der Löwe war so wütend wie selten.

„Ich weiß, wie ich dich töten werde!" brüllte er dann. „Ich werde dich ertränken! Ich werde dich ertränken!" Und er lief zum Fluß.

Fluchtartig machten ihm die anderen Tiere den Weg frei.

„Bitte, bleib stehen! Ich gehe jetzt meinen Bruder suchen!"

piepste in seinem Ohr die Ameise.
„Kommt gar nicht in Frage. Du bist schon so gut wie tot!"
„Ich will keinen Krieg mit dir!"
„Aber ich! Aber ich!"
Die Ameise piepste: „Ich entschuldige mich auch, daß ich dich gebissen habe. Ich tat es nur, damit du ein wenig zur Seite rutschst."
„Jetzt ist es zu spät. Ich werde dich ertränken."
Der Löwe streckte sein linkes Ohr ins Wasser. Aber in der nächsten Sekunde spürte er die schrecklichen Bisse in seinem rechten Ohr. Die Ameise hatte ihren Platz gewechselt. Sofort

steckte der Löwe sein rechtes Ohr ins Wasser. Als er schon dachte, die Ameise sei tot, spürte er plötzlich ihre Bisse auf seinem Rücken. Sie hatte wieder ihren Platz gewechselt.

Der Löwe hob seinen Kopf

und überlegte. Dann sprang er aus dem Wasser ans Flußufer zurück und setzte seinen Schwanz in Bewegung. Mit voller Wucht klatschte er die Quaste auf seinen Rücken. „Ich werde dich töten! Ich werde dich töten!"

brüllte er dabei. Er wälzte sich auf der Erde und gab sich so schwere Prankenhiebe, daß sie einen Büffel hätten töten können.

Aber immer, wenn er nur für eine Sekunde den Kampf unterbrach, bekam er irgendwo einen neuen Biß.

Sein Kampf gegen die Ameise dauerte Stunden. Am Ende lag er kraftlos und ermattet, übersät mit blauen Flecken, am Boden. Und dann hörte er die Stimme der Ameise.

„Ergibst du dich jetzt?"

„Wie bitte?"

„Ergibst du dich?"

„Niemals!" brüllte er.

„Überleg es dir noch einmal."

„Das ist doch lächerlich! Einer Ameise soll ich mich ergeben? Ich – ein Löwe! Kommt überhaupt nicht in Frage!"

„Dann muß ich dich leider auffressen", sagte die Ameise. „Ich beginne mit deinem rechten Ohr."

Das Gerippe des Löwen kann man noch heute auf der Steppe sehen.

Der Wolf und die Schafe

Eines Abends, als der Schäfer fortgegangen war, kam ein Wolf auf die Wiese. Die Schafe, die dort grasten, liefen sofort ängstlich zusammen.

„Ein Wolf ist da! Ein Wolf ist da!" ging es sofort durch die ganze Herde. Sie zitterten vor Aufregung, obwohl es gar keinen Grund dafür gab. Die Wiese war nämlich durch einen dichten Zaun geschützt.

Zur allgemeinen Verwunderung grüßte der Wolf höflich und begann, neben dem Zaun zu grasen.

„Warum glotzt ihr mich so an?" fragte der Wolf nach einer Weile. „Habt ihr noch nie einen grasenden Wolf gesehen?"

Die Schafe schwiegen.

„In meinem ganzen Leben habe ich nur Gras gefressen. Gras schmeckt wunderbar. Seid ihr nicht meiner Meinung?"

Jetzt fanden es die Schafe unhöflich, noch länger zu schweigen. „Jaaaa! Mähhhhh!

Jaaaaa!" stimmten sie ihm zu. „Der Schäfer hat euch sicher erzählt, daß ich Schafe fresse", heulte der Wolf und leckte sich das Gras von der Schnauze. „Aber ihr seid nicht blind, ihr seht ja, ich fresse Gras. Ich glaube sogar, daß ich ein Schaf bin. Allerdings ein Schaf, zum

Unterschied von euch, das im Wald aufgewachsen ist." Und er senkte seinen Kopf und graste weiter.

Nach einer Stunde lief der Wolf in den Wald zurück, und in der Herde begann eine große Diskussion.

„Wölfe sind keine pflanzenfressenden Tiere", erklärten einige Schafe. „Er will uns nur täuschen."

„Das ist nicht ganz sicher", meinten andere. „Er graste wie wir. Das haben wir alle gesehen. Wir sollen dem Wolf kein Unrecht tun."

Spät in der Nacht beschlossen

dann alle, den Wolf am nächsten Abend – falls er käme – eingehend zu befragen.

Er ließ auch nicht lange auf sich warten. Kaum war der Schäfer fortgegangen, da kam er schon aus dem Wald gelaufen und begann wieder zu grasen.

Die Schafe sahen ihm neugierig zu.

Schließlich fragte der Leithammel: „Entschuldige, lieber Wolf, bist du wirklich ein Grasfresser?"

„Ich habe es euch doch schon gestern gesagt", heulte der Wolf. „Muß ich es euch heute wiederholen? Mein ganzes Leben habe ich nur Gras gefressen. Ich schwöre es!" Und er hob seine rechte Pfote.

„Wirklich?"

„Meine lieben Freunde, wenn ihr einen Feind habt, dann ist es der Schäfer. Er schlachtet euch, er brät euch und ißt euch auf. Er melkt euch, er schert eure Wolle, er zieht euch das Fell über die

Ohren, und er verkauft sogar eure Kinder, die kleinen unschuldigen Lämmchen. Er beutet euch aus nach Strich und Faden. Kann sich irgendein Schaf eurer Herde darüber beklagen, daß ihm ein Wolf etwas Böses getan hat?"

Die Schafe überlegten, schauten sich gegenseitig an und schüttelten die Köpfe. Keines konnte sich von ihnen darüber beklagen. Früher, als es den Zaun noch nicht gegeben hatte, da passierte es ab und zu, daß sich ein Schaf von der Herde trennte und dann spurlos verschwand. Man erzählte sich dann, es sei von einem Wolf gefressen worden. Aber gesehen hatte es niemand.

„Ihr solltet euren Augen glauben", heulte der Wolf, „und nicht irgendwelchen bösen Gerüchten."

„Aber was ist mit den Schafen passiert, die im Wald verschwunden sind?" fragte der Leithammel. „Warum ist nie eines zurückgekommen?"

„Warum sollten sie zurückkommen? Glaubst du, daß jemand zurückkommt, der einmal auf den Wiesen im Wald gegrast hat? Wer das einmal kennengelernt hat, geht nie mehr zurück. Ich bin vielen Schafen im Wald begegnet. Es geht ihnen ausgezeichnet. Wenn du mir nicht glauben willst, dann überzeuge dich doch selbst. Komm mit mir. Ich werde dich zu den anderen Schafen im Wald führen, und ich wette mit dir, daß auch du nicht zurückkehren wirst."

„Aber ich kann hier doch nicht heraus!" blökte der Hammel. „Wir sind ja eingesperrt!"

„Das ist wirklich sehr traurig", heulte der Wolf und schnappte nach dem Zaun.

„Nieder mit dem Schäfer!
Nieder mit dem Schäfer!
Nieder ...!" Er verbiß sich in den Zaun, aber soviel er sich auch anstrengte, er konnte ihn nicht zerreißen. Nach einigen Stunden gab er auf. „Ich kann euch leider nicht befreien", heulte er. „Ihr müßt es selbst tun." Und er drehte sich um und verschwand im Wald.

In dieser Nacht konnte kein Schaf der Herde schlafen. Sie malten sich alle ein herrliches Leben auf satten, grünen Waldwiesen aus, auf denen es keinen Schäfer gab, der sie schlachtete und ihnen die Lämmer wegnahm.

„Nieder mit dem Schäfer! Nieder mit dem Schäfer!" hörte man es bald von allen Seiten blöken.

Als der Schäfer am nächsten Morgen kam und das Tor öffnete, stieß ihn der Leithammel zu Boden, und die ganze Herde galoppierte über den Schäfer hinweg durch das offene Tor ins Freie. Der Wald verschluckte sie sofort.

Und da kam auch schon der Wolf. „Brave Schafe!" heulte er begeistert. „Gute Schafe! Soviel Mut habe ich gar nicht von euch erwartet. Liebe Schafe! Und ihr seid alle da? Eins, zwei, drei – wieviel seid ihr eigentlich?"

„Achtundachtzig!" blökte der Hammel.

„Sehr schön! Und jetzt folgt mir."

„Wohin? Wohin?" wollte die Herde wissen.

„An einen schönen ruhigen Platz, wo wir unsere Wohngemeinschaft gründen werden. Die Wohngemeinschaft der Schafe und Wölfe."

Sie liefen den ganzen Tag und kamen immer tiefer in den Wald hinein. An der Spitze lief der Wolf, hinter ihm der Hammel, dann folgte die übrige Herde. Am Abend hatten sie keine

Kraft mehr. Sie sammelten sich alle auf einer Wiese, schwer atmend und mit hängender Zunge, und schliefen sofort ein.

Als sie am nächsten Morgen aufwachten, stellten sie fest, daß der Leithammel nicht mehr da war. Es fehlte jede Spur von ihm.

„Wo ist unser Leithammel?" blökten die Schafe. „Gestern war er noch da."

„Er hat sich sicher verlaufen, der gute Hammel", meinte der Wolf. „Ich werde ihn sofort suchen. Bleibt hier, bis ich wiederkomme, damit euch nichts passiert."

Und er verschwand im Wald.

Nach einigen Stunden kam er zurück mit einem ziemlich dicken Bauch. „Ich habe ihn nirgendwo gefunden. Vielleicht ist er zum

Schäfer zurückgekehrt. Aber dann wird der Schäfer bald hier sein, und er wird euch wieder melken und an den Metzger verkaufen. Darum müssen wir sofort hier

weg und noch tiefer in den Wald. Und – daß mir niemand blökt! Keinen Ton möchte ich hören!" Und er lief wieder an die Spitze, und die ganze Herde folgte ihm.

Sie liefen jeden Tag von einer Waldwiese zur anderen. Und jede Nacht verschwand – wie vom Erdboden verschluckt – ein Schaf oder ein Lamm. Die Schafe waren sehr beunruhigt darüber. Aber der Wolf sagte ihnen, sie sollten sich nicht beunruhigen. Die Schafe, die nachts verschwänden, hätten sich selbständig gemacht, und um solche Schafe brauchte man nicht zu trauern.

Die ganze übriggebliebene Herde überlegte und stimmte ihm zu. Es war nur seltsam, daß sie immer nur nachts verschwanden. Und noch etwas anderes war seltsam: Der gute Wolf graste nicht mehr. Er sagte, er hätte Bauchschmerzen. Aber, obwohl er nichts mehr fraß, wurde er auch nicht dünner. Im Gegenteil – er schien eher dicker zu werden.

Nach einigen Monaten war von der Herde nur noch ein einziges Schaf übriggeblieben.

„Lieber Wolf", blökte es, „es tut mir schrecklich leid, daß alle anderen weggelaufen sind, aber ich werde immer bei dir bleiben. Ich werde dich nie verlassen."

„Das glaube ich auch!" heulte der Wolf und fraß es auf. Dann machte er sich auf den Weg, um sich eine neue Herde zu suchen.

Und wenn du wissen willst, was weiter geschah, dann brauchst du die Geschichte nur wieder von Anfang an zu lesen.

Deckelbild und Illustration: Ingeborg Haun
Textredaktion: Monika Raeithel-Thaler
Bestellnummer: 7941

München – Wien
ISBN 3 505 07941 3